RECHERCHES

SUR L'ORIGINE

DE LA

COUTUME DE NORMANDIE,

PAR M. DAVIEL,

AVOCAT GÉNÉRAL A ROUEN, MEMBRE DE LA SOCIÉTÉ DES ANTIQUAIRES DE NORMANDIE.

(Extrait du second vol. de la Revue Normande, 3e partie.)

CAEN,

IMPRIMERIE DE T. CHALOPIN, RUE FROIDE.

1834.

RECHERCHES

SUR L'ORIGINE

DE LA

COUTUME DE NORMANDIE,

PAR M. DAVIEL,

AVOCAT GÉNÉRAL A ROUEN, MEMBRE DE LA SOCIÉTÉ DES ANTIQUAIRES DE NORMANDIE.

(Extrait du second vol. de la Revue Normande, 3e partie.)

CAEN,

IMPRIMERIE DE T. CHALOPIN, RUE FROIDE.

1834.

Recherches

SUR L'ORIGINE

DE LA

COUTUME DE NORMANDIE.

M. L. A. Wankœnig, professeur en droit à l'université de Gand, qui a fait de profondes recherches sur l'histoire de la législation, avait adressé au congrès scientifique, tenu à Caen il y a quelques mois, une lettre renfermant diverses questions sur l'origine des coutumes de Normandie.

La lettre de M. Wankœnig est arrivée trop tard pour pouvoir être lue à l'assemblée, mais elle a été remise à M. Daviel, avocat-général et membre de la société des Antiquaires à Rouen, qui s'est livré au même genre d'étude que M. Wankœnig, et qui a bien voulu se charger de répondre aux questions du savant juris- consulte.

Nous allons reproduire la lettre de M. Wankœnig et la dissertation à laquelle elle a donné lieu, persuadés que les lecteurs de la Revue nous en sauront gré. Rien n'est plus intéressant que l'histoire des anciennes institutions législatives du pays. D. C.

MESSIEURS,

Permettez-moi de m'adresser à vous pour obtenir quelques renseignements historiques et littéraires sur une branche d'étudès qui m'occupe depuis quelque temps.

L'ancienne coutume de la Normandie est un des monuments législatifs les plus remarquables du droit germanique du moyen âge, et important, non seulement pour l'histoire du droit français, mais encore pour le Nord, et surtout pour l'histoire du droit anglais. Mes recherches m'ont fait trouver un manuscrit du texte latin de cette coutume. Ayant fait faire une copie de ce manuscrit, à laquelle j'ai ajouté les variantes de l'édition de Le Rouillé, de 1534, et de Ludewig, dans les *Reliquiæ manuscriptorum*, t. 7, publié en 1726, et voulant faire une édition critique du texte, je désirerais savoir, 1°. Quelles sont les meilleures éditions qu'on a dans le pays de cette coutume, et si l'on pourrait me procurer un exemplaire de ces ouvrages sans de trop grands frais; 2°. Si l'on a, à Caen, ou à Rouen, ou dans quelqu'autre partie de la Normandie, des manuscrits anciens de cette coutume; 3°. Si quelqu'un s'est occupé de l'origine de cette loi, du temps de sa rédaction, et si l'on en connaît l'auteur. Pour que l'on puisse apprécier les connaissances que j'ai acquises moi-même sur la coutume, je transcris ici des renseignements que j'ai donnés, sur la coutume et le manuscrit que j'en possède, à un ami, en Angleterre, qui s'intéresse également pour cette étude.

Ceux parmi vous, Messieurs, qui s'occupent de cette partie de l'histoire de votre intéressant pays, sont priés de vouloir seconder mes efforts et de m'instruire sur l'état actuel des recherches faites sur cette partie. Il me serait surtout agréable de pouvoir entretenir une correspondance avec quelque jurisconsulte de votre pays, qui aurait une connaissance approfondie de l'ancien droit de la Normandie.

Voici la description du manuscrit que j'ai à ma disposition. M. L......., bibliothécaire de l'université de Gand, possesseur d'une riche bibliothèque, a, entre autres, un manuscrit qui contient le texte latin de l'ancienne coutume de la Normandie. Ce manuscrit provient de l'abbaye de Saint-Pierre, à Gand, supprimée apres la réunion de la Belgique à la France, en 1794.

Il est dans le plus petit format, ayant 4 pouces de haut sur 3 de large, ou 12 centimètres de haut sur 9 centimètres de large. Il est relié en veau avec l'inscription : TRACTATUS DE LEGIBUS M. S.

L'écriture, sur parchemin, est de la fin du XIIIe. siècle; ce que prouve, entre autres, un grand nombre de dates, indiquées dans des notes marginales du M. S., dont la plus récente est celle de 1296, et qui sont écrites de la même main que le texte. Il se peut cependant que les dernières notes soient ajoutées plus tard, la plupart marquant les années 1277-1282.

C'est sur les 118 premiers feuillets que se trouve copiée la coutume, qui finit avec le titre DE PRESCRIPTIONE. Depuis là, jusqu'à la feuille 146, se trouve une foule d'additions également relatives au droit de la Normandie, telles que des ordonnances du roi saint Louis, de Philippe Auguste, et même de plus anciennes, savoir : de Guillaume-le-Conquérant et d'autres ducs de la Normandie, et un grand nombre de décisions des assemblées de l'échiquier de la Normandie et du parlement de Paris (1).

Le M.S. a une pagination ancienne en rouge, mais toujours sur fol° verso. En outre, les initiales des titres sont en rouge ou en blanc avec des arabesques en rouge; dans le texte, les rubriques, les § § et autres divisions sont également en lettres rouges. Une table des matières se trouve avant le texte, sur 7 feuilles qui précèdent le fol. 1 du texte. La première lettre de celui-ci a 1 1/2 pouce de hauteur et est peinte en bleu et en rouge (1). Une feuille est arrachée, savoir la quatre-vingt-quatorzième

Il nous a été impossible de nous procurer des renseignements complets sur l'origine de cette coutume de la Normandie, vu qu'elle a été remplacée, l'an 1584, par une nouvelle qui a fait négliger la première. Sa grande ressemblance avec les lois anglaises, la considération qu'elle a été rédigée dans le XIIIe. siècle, dans le pays dont les coutumes anglaises sont originaires, nous a fait sentir l'importance de ce

(1) La plupart des notes ajoutées à la coutume sont égalemen empruntées de ces décisions.

(2) Le manuscrit est complet.

monument législatif, qui en lui-même est extrêmement instructif pour la connaissance du droit germanique au moyen âge. Le contenu de cette coutume, aussi bien faite que les livres du droit anglais des XIIe. et XIIIe. siècles, et sa rédaction soignée ont déjà frappé Ludewig, qui n'en connaissait aucune édition. Il s'est déterminé à faire imprimer son M. S., qui, d'après ce qu'il dit dans sa préface du vol. 7 des *Reliquiæ*, p. 50, avait appartenu au célèbre Pithou, élève du grand Cujas. Comme le M. S. de M. L......., le sien était du XIIIe. et également dans le petit format in-32. Cependant l'ouvrage avait déjà été imprimé en France dans le XVIe. siècle, tant en français qu'en latin. Il est certain que la coutume de Normandie existait au XIIIe. dans les deux langues. Le texte français, appelé le GRAND COUTUMIER DU PAYS ET DUCHÉ DE NORMANDIE, était même plus répandu que le texte latin. On le suivait dans les tribunaux de la Normandie. Il a trouvé notamment dans le savant jurisconsulte Le Rouillé, d'Alençon, un excellent glossateur. Cet auteur a fait plusieurs éditions de la coutume, avec un commentaire tellement long, qu'il entoure tout le texte.

M. Dupin, dans la 5e. édition de la Bibliothèque du droit (Paris 1832), p. 264, cite celle de 1534 et une autre de 1539, et plusieurs autres plus anciennes, même depuis 1515, sans le commentaire de Le Rouillé (1).

Nous aurions désiré pouvoir comparer avec notre texte, celui qu'a publié, en 1568 et 1575, Tanigny ou Tannegui Sorin, professeur en droit et conseiller à Caen ; il porte le titre suivant : DE CONSUETUDINE NORMANNIÆ GALLICA ET LATINA DILIGENTER VISA ILLUSTRATA AUCTORE TANNIGIO SORINO LESSÆO, CADOMI, 8°. ; mais ce livre est rare dans ce pays.

Quant à l'origine de notre coutume, nous avons fait des recherches inutiles pour avoir quelques renseignements décisifs, notamment sur l'époque et la langue dans laquelle elle a été écrite. Ludewig pense qu'elle a été rédigée, vers l'an 1250, en latin, et traduite postérieurement en français. Il croit que c'est un traité purement scientifique, fait par un jurisconsulte à son usage privé et qui plus tard a obtenu l'autorité d'une coutume. En effet, l'ouvrage ressemble au traité de Glanville, et à plusieurs autres traités faits en Angleterre. Une ordon-

(1) Un texte français se trouve aussi imprimé dans le grand coutumier de France, par Bourdeau de Richebourg au commencement du livre 4.

nance de Philippe Auguste y est insérée comme telle ; preuve que ce n'est pas ce roi ou son successeur qui a fait rédiger la coutume. Elle n'a pas de sanction. Nous sommes portés à croire qu'elle a été primitivement rédigée en latin ; elle est trop exacte pour une traduction (1). D'ailleurs, la langue latine était plus apte pour un traité semblable que le français. Cependant, nous ne voulons rien préjuger sur la que stion

Quant au temps de sa rédaction, nous avons consulté la Bibliothèque des coutumes par de Laurière et Berroyer, p. 151. Nous n'y avons trouvé aucun renseignement. M. Dupin, dans ses *Notices historiques, critiques et bibliographiques sur plusieurs livres de jurisprudence française*, à la fin de sa *Bibliothèque de droit*, p. 669 et suiv., garde le plus profond silence sur cette coutume, qui est au moins aussi importante que les établissements de saint Louis et que la coutume de Beauvaisis, qui sont si célèbres.

Berault, le commentateur de la nouvelle coutume, n'en dit mot; de même Houard, dans

(1) Il manque plusieurs chapitres dans le texte français, qui se trouvent dans le latin, et *vice versâ*.

tous les ouvrages qu'il a publiés sur les lois anglo-normandes, pas même dans l'avant-propos qu'il donne à une rédaction de notre coutume en vers français, faite, l'an 1280, par un certain Richard Dourbault (au 4e. vol. du dictionnaire du droit Normand, suppl. p. 49-158); Basnage, t. 1, p. 7 de ses œuvres (1re édition), où se trouve un commentaire sur la nouvelle coutume, dit seulement d'après Brodeau, que l'ancienne coutume de Normandie avait été rédigée par Pierre Desfontaines, depuis saint Louis. Nous désirerions connaître les preuves à l'appui de son opinion. Dans Bourdeau de Richebourg, on lit, p. 1, note *a*, que notre coutume était la troisième partie du livre de Desfontaines dédié à la reine Blanche. M. Dupin déclare, p. 706, que malgré toutes ses recherches, il n'a jamais pu voir ce prétendu ouvrage.

Ludewig en place la rédaction en 1250, parce que l'auteur dit quelque part (p. 40, § 19, 20, Ludewig, p. 355), qu'il y a plus de 30 ans écoulés depuis le couronnement du roi Richard, qui a commencé à régner l'an 1189. Il serait plus naturel de dire alors que la coutume a été rédigée vers l'an 1220.

Les notes ajoutées à la coutume dans notre

M. S., ainsi que les derniers feuillets contenant l'indication des questions jugées d'après les principes de la coutume dans la cour de l'Échiquier de Normandie, rapportent des cas de l'année 1205 : ce qui permettrait de conclure sur une plus haute antiquité. Nous présentons ces observations à celui qui, à l'aide de ressources historiques plus abondantes que celles que nous avons, fera des recherches sur ce document.

Nous regrettons vivement que M. Dupin ne se soit pas occupé de ce monument législatif si intéressant, et si peu utilisé jusqu'ici dans l'histoire du droit germanique, tant de la France que de l'Angleterre. Ducange s'est servi du texte latin de notre coutume dans son glossaire.

Nous devons dire à l'honneur de M. Biener, professeur à l'université de Berlin, qu'il a eu égard à notre coutume dans son ouvrage classique sur l'histoire du jury et de la procédure par inquisition, publiée à Berlin en 1827 (p. 230) ; M. Biener pense aussi que notre coutume est l'ouvrage d'un jurisconsulte privé.

Le soussigné, Messieurs, vous permet de donner à cette lettre telle publicité que vous jugerez convenable Abonné à la *Revue Nor-*

mande, il pourra y retrouver ce que les amateurs des études historiques voudraient bien y faire publier sur l'objet de ses recherches.

Je vous prie, Messieurs, d'agréer l'assurance d'une haute considération,

L. A. Wankoenig,

Professeur en droit à l'université de Gand,

Membre ordinaire de la troisième classe de l'institut des Pays-Bas.

DISSERTATION

SUR

LE COUTUMIER DE NORMANDIE,

EN RÉPONSE A LA LETTRE PRÉCÉDENTE.

MONSIEUR,

Les antiquités de la Normandie n'ont jamais été plus scrupuleusement, plus heureusement explorées que de nos jours. Jamais on n'étudia avec une critique plus éclairée l'histoire, les monuments, la littérature, les usages des anciens temps ; et un assez grand nombre de savants distingués se sont, à bon droit, partagé parmi nous le domaine du moyen âge. Par malheur, nul ne s'est attribué l'étude des anciennes institutions de notre pays, cette part, si intéressante, pourtant, de notre histoire. Houard, seul entre tous nos anciens jurisconsultes, avait entrepris, avant la révolution, la tâche de débrouiller les origines du droit normand; mais sa succession est restée vacante, quoiqu'elle mérite bien pourtant d'être acceptée, du moins sous bénéfice d'inventaire.

Rien ne prouve mieux le délaissement de cette étude par nos savants compatriotes que le choix que M. Auguste Le Prévost, secrétaire du congrès, a fait de moi, indigne, pour obtenir les renseignements que vous demandez sur l'ancien Coutumier de Normandie.

Jadis, dans un temps de loisirs, j'avais ébauché sur nos institutions normandes quelques études que j'ai eu le tort de ne pas poursuivre. Je vais réunir, pour répondre à votre lettre, d'anciennes notes, d'anciens souvenirs, afin qu'il ne soit pas dit qu'un étranger qui s'occupe de nos vieux titres normands n'aurait pas trouvé quelqu'aide en Normandie.

L'ancien coutumier de Normandie n'avait d'abord aucun caractère officiel; il a été rédigé par un praticien pour l'usage des jurisconsultes, sans ordre et sans sanction de l'autorité publique. Mais cette compilation des usages du pays parut si fidèle que ses dispositions, par la seule autorité de la raison, acquirent en peu de temps, comme d'un consentement général, l'autorité de lois précises.

Le style de tout le livre prouve assez que ce n'est pas à titre de loi qu'il avait été écrit, et, dans le premier des deux prologues qui précèdent son œuvre, l'auteur provoque, en toute humilité, les corrections et les additions qui seraient jugées nécessaires pour la perfection de son recueil. « Pour ce que rien ne peut « être trouvé parfait en ce que homme fait « par étude, je requiers à ceux qui regarde- « ront cette œuvre, qu'ils amendent ce qu'ils « verront à amender, et y mettent ce qui y « faudra, et en ôtent ce que lieu n'y tiendra « et m'aident en aucunes choses. » Certes, ce n'est pas là le langage d'un législateur.

Il est remarquable que ceux qui ont commenté le coutumier aux époques les plus rapprochées de sa rédaction, paraissent avoir ignoré, non seulement le nom de son auteur, mais encore à quel titre ce livre avait été primitivement rédigé.

Dans sa glose sur le premier paragraphe, l'auteur anonyme du commentaire qui accompague le texte français dans l'édition de 1483, examine la question de l'origine et de l'autorité légale du coutumier, et les arguments divers qu'il rapporte, de même que la solution qu'il adopte, montrent dans quelle ignorance on était alors sur ces deux points.

« Sur ce même § on peut faire un tel doute, « dit-il, car le texte met que *les lois et les éta-« blissements que les princes de Normandie « établirent*, etc.; savoir si les ducs de Nor-« mandie les établirent successivement l'un « après l'autre, ou si le duc, les comtes et les « barons de Normandie les établirent à une « fois. — Pour la réponse à ce doute, on peut « arguer premièrement que la coutume fut « compilée à une fois, par le duc, par les « comtes et les barons et les prélats, comme il « peut apparoir par le texte. Et pour ce s'en-« suit qu'elle fut faite et compilée, non pas « par le duc seulement, ni par les ducs suc-« cessivement, mais par le duc, comtes, ba-« rons et prélats. — *Item*, l'on peut bien au-« trement arguer et pour l'autre partie du « doute: Nul n'a pouvoir de faire loi, sinon le « prince ou le chef du pays où ladite loi est « faite, car il est prince seul au pays, et non « pas les comtes, barons et prélats, mais sont

« sujets. Et partant s'ensuit que les princes de « Normandie, successivement, l'un après « l'autre, établirent lesdites lois et coutumes « de Normandie, car le texte parle au pluriel, « et non pas les comtes, barons et prélats. — « Et, quant à la raison du premier argument, « où il dit que la coutume fut compilée à une « fois, sauf la grâce du disant, il n'est à tenir « ni à supposer qu'une si grande chose fut « faite à une fois; et aussi il appert qu'elle fut « faite à plusieurs fois, comme du conseil au « roi Philippe fait à Lillebonne, et même en « plusieurs autres lieux audit texte, il parle « au pluriel. Et on ne pourrait dire qu'il fut « compilé par plusieurs comtes, barons et pré- « lats, car ils ne sont pas princes et n'ont « pas pouvoir de ce faire. Et aussi le texte met « que les princes de Normandie les établirent « par le conseil des comtes, barons et prélats; « par quoi il appert qu'ils ne sont pas faiseurs, « mais conseilleurs seulement. — Toutefois, « aucuns tiennent qu'il fut fait et compilé à « une fois, c'est à savoir par un prince, et « qu'il est à supposer que le prince qui l'avait « commencé, mena l'œuvre à fin, combien « qu'il peut être que depuis on y a mis aucunes « additions. — Et aussi disent aucuns que,

« pour lors que ledit texte fut compilé, la du-
« ché de Normandie était en la main du roi,
« et causent leur opinion pour ce qu'il met
« au premier chapitre de la seconde distinc-
« tion : *Le duc de Normandie est cil qui tient*
« *la seigneurie de la duché, de quoi le roi*
« *de France a ores la dignité avec les autres*
« *honneurs que Dieu lui a donnés*, et aussi,
« en la seconde partie du livre, il met un cha-
« pitre de *cour de Roi*; et si le texte fait men-
« tion en plusieurs parties du duc, ceux de
« cette opinion disent que c'est pour ce que le
« roi n'en était pas seigneur comme roi, mais
« comme duc. -- Et quant au second argu-
« ment, l'on peut dire, à parler largement,
« que les comtes, barons et prélats, peuvent
« être dits princes, et aussi peuvent être dits
« faiseurs, pour ce qu'ils la conseillèrent et ai-
« dèrent à faire. — *Item*, aucuns autres ont
« opinion que les lois et établissements de
« Normandie furent faits et constitués au com-
« mencement à plusieurs fois par plusieurs
« princes ; mais pour ce qu'ils étaient mis
« comme en oubli, ils furent compilés en-
« semble par un prince pour les ramener en
« mémoire et en fut fait le coutumier. Ce qui
« peut apparoir par le texte qui met : *je es-*

« *sayerai pour le commun profit à les rap-*
« *peler*, etc. ; et semble cette opinion assez con-
« sonnante au texte, et par ce l'on pourrait
« accorder les opinions précédentes. . . .
. . . .

« *Item,* le texte met au paragraphe suivant :
« *Mais pour ce que rien ne peut être trouvé*
« *parfait en tout ce que l'homme fait par*
« *étude*, *je requiers*, etc. ; il semble que le
« texte veuille dire que le texte n'est pas par-
« fait, et ainsi semble que l'auteur donne au-
« torité à chacun de mettre amendement ou
« ôter ce qui n'y serait profitable. — Quant
« au premier point, on peut dire qu'il le met
« pour cause d'humilité, et non pas pour cause
« d'imperfection.... Quant au second point,
« l'on peut dire semblablement que l'auteur
« n'entend pas que chacun ait autorité de corri-
« ger le livre; mais le texte s'entend à ceux qui
« ont autorité de le corriger. Et s'il s'adressait
« à d'autres, ce n'est pas qu'ils aient de eux
« (de leur chef), autorité d'y mettre correction,
« sinon par l'autorité du prince qui a cette
« puissance. »

Sauf la grâce du disant, répéterai-je à mon tour, tous les arguments de cette glose sont peu concluants pour prouver, comme le prétend le glossateur, qu'*un prince construisit et accomplit ce livre de coutumes*, et que *à cette constitution et compilation furent appelées plusieurs sages et notables personnes.* Il est manifeste, par les termes si positifs du prologue, que ce n'est pas un prince qui dispose, ordonne ou défend, mais un jurisconsulte qui rédige un traité, modestement soumis à l'approbation du public.

Le nom de ce jurisconsulte est toujours resté un mystère. Le premier commentateur en faisait un prince anonyme. Rouillé, en 1534, Sorin, en 1568, ne paraissent pas en avoir su davantage; et Terrien, dont l'ouvrage posthume fut publié en 1574, dit : *Celui qui a recueilli et rédigé par écrit notre coutume, quiconque fut-il.*

Les commentaires de la coutume réformée et les divers ouvrages historiques publiés sur la Normandie ne fournissent pas plus de lumières sur cet auteur, qui eut l'honneur singulier de faire une loi, quand il ne croyait rédiger qu'un livre de pratique.

Basnage, en reproduisant, sans vérification de son chef, un mot de Brodeau, et Bourdeau de Richebourg, dans une note de son *Coutumier général*, t. IV, disent, il est vrai, que

Pierre Desfontaines est l'auteur de notre ancien coutumier. D'autres (Delafoy, *Constitution normande*, page 88), nomment Beaumanoir. Mais ces indications, purement hypothétiques, s'évanouissent au premier examen.

D'abord, pour avoir acquis à fond la connaissance des coutumes normandes qui, suivant la remarque de Basnage, *n'ont aucune conformité avec les anciennes lois françaises*, il fallait avoir long-temps étudié et pratiqué la jurisprudence en Normandie. Le coutumier est nécessairement l'œuvre d'un praticien normand, et Desfontaines et Beaumanoir étaient tous deux également étrangers à notre province.

En second lieu, Desfontaines, dans son *Conseil à son ami*, et Beaumanoir, dans ses *Coustumes et usages du Biauvoisins*, ont tous deux, et le premier surtout, eu pour objet de donner plutôt une pratique judiciaire que les usages de leur temps. Le premier fait un grand usage des lois romaines; il mêle à la jurisprudence des lois françaises les établissements de saint Louis et les maximes du droit civil. Le second fait moins usage du droit romain, mais il concilie les réglements du saint Roi avec les usages de France. (Montesquieu, *Esprit des Lois*, liv. 28, ch. 28). Et le coutumier de

Normandie n'est nullement fait d'après cette méthode. C'est un livre écrit avec cet attachement exclusif, avec cette superstition caractéristique en Normandie pour les coutumes du pays, qui faisait dire au chancelier Daguesseau qu'on amènerait plutôt les Normands à changer de religion qu'à changer de jurisprudence. On y chercherait en vain une citation des lois romaines ou des établissements de saint Louis. Aussi, nos meilleurs commentateurs professent-ils que c'est s'exposer à dénaturer complètement cette coutume que de vouloir en interpréter les dispositions par les lois françaises ou par le droit civil. Roupnel de Chenilly s'écrie quelque part, à propos de semblables rapprochements : *alienis perimus exemplis*.

Enfin, Desfontaines et Beaumanoir ont écrit leurs ouvrages en français, et notre coutumier a été primitivement rédigé en latin. D'ailleurs, si l'on voulait regarder le texte français comme étant la rédaction primitive, la différence de style serait encore un argument contre l'hypothèse qui tend à attribuer la rédaction de cet ouvrage à l'un ou à l'autre de ces deux auteurs.

Rejettons donc cette hypothèse, et, abandonnant un problème resté insoluble dans un temps où les données pour sa solution devaient manquer moins qu'aujourd'hui, résignons-nous à parler de l'auteur de notre ancien coutumier comme en parlait Terrien : *quiconque fut-il.*

Quant à l'époque où cet ouvrage fut composé, on peut la déterminer à quelques années près.

Henri Hallam (*L'europe au moyen âge*, ch. 4., 2e. part.) fait remonter la compilation du coutumier au règne de Richard-Cœur-de-Lion. Erreur manifeste, puisque, dans plusieurs passages, il y est parlé du temps où les Anglais possédaient la Normandie comme d'une époque déjà éloignée, et que, dans le chap. 22, on lit positivement que *le roi de France a ores la seigneurie du duché.*

Une faute d'impression commise dans les premières éditions de l'ancien coutumier aurait pu faire croire qu'il aurait été composé postérieurement à 1278. On voit, en effet, dans la lettre adressée au roi par les prélats de Normandie, laquelle est copiée à la suite du chapitre *de jure Patronatûs*, figurer un *Guillelmus*, archevêque de Rouen. Ce ne pouvait être que Guillaume de Flavacourt, promu à ce siège en 1278, et on devait en conclure que la charte de Philippe, insérée au même chapitre, sans date, appartenait, non pas à Philippe Auguste, mais à Philippe-le-Hardi. C'est l'opinion de Rouillé et de l'annotateur anonyme de Terrien (1). Mais, en lisant la charte dans les manuscrits, on voit qu'elle est adressée à *Robert*, archevêque, lequel fut élu en 1208, après la mort de *Gauthier*. C'est ce Gauthier qui avait adressé la requête, souscrite seulement de l'initiale de son nom, et cette initiale a trompé les copistes.

Laurière a vérifié que la charte dont il s'agit est insérée au registre de Philippe Auguste, et qu'elle doit être de 1208 ou de 1209 (*Ord. du Louvre*. t. 1, p. 26.)

L'indication de cette charte dans notre coutumier n'en fixerait donc pas nécessairement la rédaction à une époque bien postérieure à la réunion de la Normandie à la France, qui est, comme on sait, de 1204.

Mais, au titre *de Justiciement*, il est fait mention d'une ordonnance du *noble roi de France qui fut le second après l'illustre roi Philippe*,

(1) Dans les mêmes éditions cette charte est datée de *Lisbonne*, au lieu de *Lillebonne*, ce qui faisait dire à un de nos vieux auteurs, qu'elle ne pouvait appartenir à Philippe Auguste qui n'était jamais allé en Portugal, tandis que Philippe-le-Hardi ayant fait la guerre aux Portugais, ce judicieux critique en concluait qu'il avait pu rendre des ordonnances datées de Lisbonne !

c'est-à-dire de Saint-Louis. Ces termes indiquent assez que ce prince avait cessé de vivre au moment où l'auteur écrivait. Ce n'est point ainsi qu'il eût désigné le roi régnant, et quand il en parle, dans son premier prologue, *notre sire*, dit-il, *qui est roi paisible et droiturier.* Dès lors, la rédaction du coutumier est postérieure au 25 août 1270, date de la mort de saint Louis, et se place nécessairement entre cette époque et celle de 1280, où Dourbault le traduisait en vers (1).

Froland (*Arrêts*, part. 1, ch. 3) et Roupnel de Chenilly avaient donc raison de dire que l'ancien coutumier avait été composé sous le règne de Philippe-le-Hardi.

Ce fut bientôt le droit commun du pays, car, dès 1315, dans la fameuse *charte normande*, donnée sur les vives doléances des états de Normandie, Louis X, dans cinq articles différents, se réfère au *registre de la coutume de Normandie*, pour ordonner l'exécution de ses dispositions. Sanction partielle,

Mil deux cents quatre fois vingt
Après ce que Jésus-Christ vint,
. . . .
Mit Richard Dourbault ce livre
En rimes, au mieux qu'il put.
(*Houard, dict. tom. IV. suppl. p.* 49).

il est vrai ; mais pour tout le reste, le coutumier fut constamment observé, comme loi, par les tribunaux de Normandie, ainsi que le reconnaissaient les états de 1391, en présentant requête au roi Charles VI, pour en faire ordonner la réformation, et les lettres-patentes de Henri III, données en 1577, pour procéder enfin à cette réformation.

On serait d'abord porté à penser que le texte français est le texte original. On connaît l'attachement des Normands pour leur langue. C'est en français que Guillaume-le-Conquérant fit rédiger les lois qu'il établit en Angleterre. C'est en français qu'il voulut que les procédures fussent instruites et jugées.

Mais, par une singularité étrange, dans le même temps que les rois normands faisaient de la langue française la langue officielle de leur nouveau royaume, dans leur duché, les chartes étaient rédigées en latin, les arrêts de l'échiquier et les records étaient dressés en latin, pratique qui se maintint jusqu'au règne de François Ier.

Au XIIIe. siècle, le latin étant ainsi le style judiciaire en Normandie, il était naturel que le praticien qui entreprit la compilation du coutumier, rédigeât son livre en latin. C'est ce qu'il fit, comme le prouve la traduction en vers, dont l'auteur s'exprime ainsi dans son épilogue :

> Et je qui me suis entremys
> D'avoir ce livre en rimes mys,
> *Selon le latin l'ai extraict.*
> . . . .
> Et s'aulcun n'entend bien à point
> Ce livre. . . . . ,
> Au livre *en latin* ait recours :
> Là trouvera du droict le cours.

De ces vers on peut sans doute conclure avec assez de vraisemblance que le texte en prose française n'existait pas encore en 1280, à l'époque où Richard Dourbault composait *ses rimes*. Mais il faut en conclure nécessairement que le texte latin était alors le texte original, le texte authentique, puisque c'était à cette source qu'il fallait recourir pour avoir *le cours du droit*.

Ces vers décident sans réplique une controverse agitée autrefois parmi nos écrivains normands et dont on peut voir les arguments divers dans le *Recueil d'arrêts* de Froland (part. 1, ch. 3). La plupart tenaient le texte français pour le texte authentique ; et il paraît que telle était l'opinion générale à la fin du XVIe. siècle, au moment de la réformation de la coutume, car le procès-verbal constate que c'est sur un exemplaire en français, qu'il y fut procédé.

Il n'est pas aussi facile de retrouver les sources où le compilateur a puisé les éléments de son recueil.

Mathieu de Westminster, Huntindon et Rouillé ont pensé qu'Edouard-le-Confesseur avait composé les lois établies par Guillaume-le-Conquérant. C'est ce que dit la *Chronique des chroniques*, en rappelant que ce roi fut élevé en Normandie. Roupnel de Chenilly conjecture que Guillaume avait emprunté les lois de Malcolm, second roi d'Ecosse. Opinions également destituées de vraisemblance.

Basnage dit, dans un endroit, que *le duc Raoul*, après sa conquête, *laissa vivre chacun selon les anciennes coutumes*, et, dans un autre, qu'on peut conjecturer que *Raoul est l'auteur des coutumes de Normandie*, lesquelles *n'ont aucune conformité avec les lois françaises*. Contradiction manifeste, qui prouve que Basnage, tout entier à la partie actuelle et pratique du droit, attachait peu d'importance à ces questions de pure curiosité.

Houard, qui s'est beaucoup occupé des antiquités du droit normand, mais dont la critique n'est pas toujours assez judicieuse, a eu le tort de poser en principe absolu que les lois normandes sont d'origine purement française, et d'imposer, en quelque sorte, ce principe à tout ce qu'il a publié sur l'ancien droit normand.

Les origines de nos institutions municipales sont encore parmi les *desiderata* de notre histoire.

Pour combler cette lacune, le conseil général du département de la Seine-Inférieure fit, en 1822, les fonds d'un prix extraordinaire proposé par l'académie de Rouen sur cette question : Quelle fut, sous les ducs de Normandie, depuis Rollon, jusques et y compris Jean-Sans-Terre, l'administration politique, civile et judiciaire de cette province.

En 1823, le prix fut partagé entre MM. Noël de la Morinière, Hesnault et Alfred Daviel, dont les ouvrages sont restés inédits dans les archives de l'académie.

Je ne parlerai pas (et non par modestie) du mémoire du dernier concurrent, alors jeune avocat stagiaire.

Le travail de M. Hesnault, mort il y a quelques années, conservateur des archives du département de la Seine-Inférieure, contient quelques documents curieux empruntés aux anciens cartulaires, aux dossiers déposés aux archives, mais la plupart postérieurs à la conquête de Philippe Auguste. Un rapprochement entre les lois de Frode et celles de nos anciens ducs, d'après quelques passages de Saxo Germanicus, est dans le mémoire de M. Hesnault, la seule chose qui touche aux sources de notre ancien droit.

M. Noël de la Morinière, mort dans le cours d'un voyage entrepris dans le Nord, par les ordres du gouvernement français, pour faire des recherches relatives aux pêches, avait envoyé de Norwège, quelques fragments d'un mémoire interrompu par la maladie qui emporta l'auteur. Mais, tels qu'ils sont, ces fragments contiennent les seuls résultats utiles de ce concours.

L'auteur n'hésite pas à placer en Scandinavie le berceau des lois normandes, et les institutions de la Norwège lui servent à expliquer la plupart de celles qui régirent la Normandie sous ses ducs. Il ne faut pas en chercher l'origine, dit-il, dans les lois françaises, moins encore dans les lois anglo-saxonnes; car, s'il n'est pas sans exemple qu'un peuple conquérant ait adopté la langue des peuples qu'il avait vaincus, on ne voit pas d'exemple qu'il se soit résigné à lui faire le sacrifice de ses propres institutions. Puis il établit, non sur de vagues conjectures, mais par les sagas du Nord, que la plus grande partie de nos institutions étaient en vigueur en Norwège, au moment où Rollon et ses compagnons avaient quitté ces contrées pour se jeter sur le midi de l'Europe; et il retrouve en Norwège nos assemblées politiques, notre système féodal, nos coutumes et presque toutes nos lois de cette époque.

Pour critiquer ce système, il faudrait pouvoir recourir aux sources que l'auteur a explorées, vérifier les citations qu'il fait dans les langues primitives du Nord; et tous ces moyens de critique me manquent.

M. Depping, qui est familier avec les langues et les écrivains du Nord, ne partage pas, du moins d'une manière absolue, l'opinion de Noël, dont, à la vérité, le mémoire ne lui a pas été connu, de sorte qu'il n'a pu apprécier les autorités qui y sont alléguées. Il ne paraît même pas trop éloigné de penser avec Houard que les Normands adoptèrent les coutumes des Francs, ou du moins que ce qu'ils y ajoutèrent se réduisit à peu de chose, et, à l'induction tirée des analogies qu'on rencontre entre les institutions scandinaves et les lois en vigueur sous les ducs de Normandie, il répond en faisant remarquer que les mêmes analogies existent entre ces institutions et celles des Francs. « Tous ces peuples, qui étaient également « barbares, dit-il, ont dû naturellement se « ressembler dans leur législation, et il est dif- « ficile de dire ce que l'une de ces nations a « emprunté de l'autre. » (*Hist. des expéd. marit. des Norm.*, t. 2, p. 131 et 245.)

Cette vérification est d'autant plus difficile qu'il n'existe aucun monument de la législation de Rollon. Il paraît qu'à cette époque les Normands ignoraient, pour ainsi dire, l'usage de l'écriture. Le fameux traité de Saint-Clair-sur-Epte ne fut pas rédigé par écrit. On ne connaît aucune charte de Rollon, ni de son fils. On n'en cite que quelques-unes seulement de son petit-fils; et celles de Richard II constatent l'usage suivi sous ses prédécesseurs de tout consommer sans écrit, car plusieurs actes portant confirmation de donations faites par Rollon, par Guillaume-Longue-Épée ou par Richard Ier, énoncent que ces dispositions avaient été purement verbales et *sine ullo chartarum notamine.* (Note de M. Aug. Le Prévost dans l'ouvrage cité de Depping ; t. 2, p. 115).

Lorsqu'un usage était contesté, on faisait un *record*, une enquête, et les juges devaient se conformer au résultat des témoignages. D'anciens manuscrits contiennent un grand nombre de ces records, qui sont du XIIIe. siècle. Les sept articles insérés à la suite du coutumier sous le titre de *La justice aux barons de Normandie* sont un record. Brussel, parmi les pièces justificatives de son *Usage général des fiefs*, a publié un autre record, bien plus important, fait en 1205 par 21 seigneurs de Normandie sur les droits du roi et leurs propres droits respectivement à ceux du clergé. Un record de l'année 1210, fait par trois chanoines, trois chevaliers et trois bourgeois, est le premier titre authentique du fameux *privilège de la fierte*, en vertu duquel le chapitre de la cathédrale de Rouen délivrait chaque année un prisonnier, le jour de l'Ascension. (M. Floquet, *histoire du privilège de Saint-Romain*, t. 1., p. 30.)

Ces pratiques judiciaires expliquent comment nous sommes sans monuments de la législation des ducs de Normandie.

Par malheur, les chroniqueurs contemporains étaient des moines qui, étrangers aux lois et à la jurisprudence, n'y ont attaché aucune importance. Dudon de Saint-Quentin, le plus ancien de tous, puisqu'il écrivait moins d'un siècle après Rollon, se borne à dire en quelques mots que « Rollon donna au peuple « des lois sanctionnées par la volonté des prin- « cipaux seigneurs (1) »; mais, sur l'objet et la nature de ces statuts, il n'entre dans aucun détail.

Seulement, il me semble que, de ses expressions, on peut induire avec quelque vraisemblance que Rollon ne se borna pas à faire exécuter les coutumes françaises, mais que son conseil, composé des plus considérables parmi ses compagnons, établit de nouvelles lois, sans doute empruntées aux usages scandinaves.

Et cette induction acquiert plus de force encore, lorsqu'on lit ensuite, dans le même auteur, que lorsque Rollon, sentant sa fin prochaine, convoqua les principaux seigneurs du duché pour leur faire reconnaître son fils comme son successeur, il leur disait, en leur

(1) *Jura et leges sempiternâ voluntate principum sancitas plebi indixit.* Dans le recueil de Duchesne, p. 85.

montrant Guillaume : « Il sera le constant défenseur de *nos* lois et de *nos* statuts, et, tant qu'il vivra, *notre* droit et *nos* décrets resteront sans atteinte (1) ». En ce moment, la fusion des Normands et des Français ne s'était pas encore opérée. C'était à de vrais Normands, à de vieux compagnons de conquête que s'adressait Rollon, et c'était le maintien de leurs lois d'origine, des lois et des coutumes normandes qui devait les flatter davantage, et qu'il avait à cœur de leur garantir.

Quand Guillaume-le-Bâtard eut mis sur sa tête la couronne d'Angleterre, et qu'il eut résolu d'imposer les lois de Normandie à ses nouveaux sujets (2), il fallut bien constater ces lois par écrit, car il ne trouvait pas parmi les Anglo-Saxons la docilité, les circonstances favorables que ses aïeux avaient rencontrées parmi les Francs. Alors, pour la première fois, furent rédigées par écrit les coutumes de Normandie. Mais comme le Conquérant appela plus d'une fois la ruse en aide à la force, pour populariser,

(1) *Legibus et statutis nostris constanter auxiliabitur, jusque et decretum nostrum, hoc superstite, non delebitur. Ibidem*, p. 91.

(2) *Traduxit Willelmus è suâ Normanniâ in Angliam Patrias leges cum populi coloniâ.* Math. Paris. Chopin, *De doman. p.* 352. *Penè omnes leges à superioribus sanctissimis latas abolevit.* Polyd. Vergile. liv. 9, p. 151.

s'il était possible, ses statuts, il imagina de publier qu'ils n'étaient que la reproduction des lois d'Edouard-le-Confesseur, dont les Anglais vénéraient la mémoire et dont ils réclamaient continuellement les institutions. Dans les anciens manuscrits qu'on possède encore en Angleterre des lois du Conquérant, le titre ne manque pas de dire que ces lois, accordées au peuple anglais par le roi Guillaume, sont les mêmes que le roi Edouard, son cousin, avait établies avant lui (1).

C'est là l'origine de la tradition qui attribue à saint Edouard, la rédaction des coutumes de Normandie. La politique de Guillaume a mis ces coutumes sous son nom. Voilà tout le secret de sa paternité.

Les lois de Guillaume et celles de ses successeurs, jusqu'à Jean-Sans-Terre, aussi bien que les traités publiés par les jurisconsultes anglo-normands, sont donc une étude du plus haut intérêt pour quiconque veut remonter aux origines de la coutume de Normandie; de même que notre vieux coutumier est souvent

(1) *Cet sunt les leis et les custumes que li reis William grantad al pople de Engleterre, après le cunquest de la terre, iceles meimes que li reis Edward, sun cusin, tint devant lui.* Palgrave, *the rise and progress of the english commonwealth*, tom. 2, p. 89.

cité par les savants anglais qui s'occupent de rechercher les bases de l'ancien droit de la Grande-Bretagne. Anglais et Normands, nous devons réciproquement nous aider de ces titres de famille.

Malheureusement, on peut penser que notre vieux coutumier n'offre qu'une image incomplète et altérée des institutions de nos ducs. Ecrivant à une époque de transition, plus de soixante ans après la conquête, après le passage de Philippe Auguste et de Louis IX, rois qui avaient porté de si rudes coups au régime féodal, l'auteur, on s'en aperçoit trop, s'était rattaché à l'école de Desfontaines, de Beaumanoir, de ces jurisconsultes qui vinrent si puissamment en aide à la couronne pour lui faire une grande et splendide part aux dépens de la féodalité ; et souvent on le voit sacrifier au pouvoir central les droits des seigneurs et des bourgeois.

Ainsi, aux titres *de Juridiction* et *de Cour*, aux titres *de Trésor trouvé, de Choses gayves, de Poids et de Mesures*, toujours le droit commun est en faveur du roi ; les seigneurs n'ont rien que par exception et comme par grâce. La royauté domine et absorbe tout, droits des seigneuries et libertés des villes.

Cette complaisance du compilateur pour le pouvoir royal se trahit par ce qu'il a omis de traiter, au moins autant que par les métamorphoses qu'il a fait subir au droit commun dans les matières qu'il a traitées.

Ainsi, il ne fait nulle mention des assemblées générales, des droits politiques, si importants, reconnus comme préexistants (1) par Philippe Auguste dans la capitulation de Rouen, en 1204, et, en 1207, dans une charte dont l'original, souscrit du monogramme royal, est encore aux archives de notre mairie, et par Louis-le-Hutin dans la fameuse charte accordée en 1315 aux graves doléances, *gravi querimonia*, des états de Normandie. Ainsi, il se tait également sur les privilèges conférés à certaines villes; sur les alleux et leurs prérogatives; sur les dîmes du clergé; sur les droits des communautés d'habitants dans les forêts, marais, pâtis et bruyères, etc. Ainsi, il garde le silence le plus absolu sur l'existence des usages locaux,

(1) Parmi les pièces extraites par Brussel du trésor des chartes et transcrites à la fin de son *Nouvel examen de l'usage général des fiefs*, figure une charte de Henry II, adressée vers 1155, *Archiepiscopis, abbatibus, comitibus, baronibus et omnibus de Normannia*. L'art. 2 porte : *concessimus et dedimus omnibus liberis hominibus Normannie in perpetuum omnes has libertates subscriptas, habendas et tenendas eis et hæredibus suis de nobis et hæredibus nostris.*

sans doute parce qu'ils étaient le résultat et le témoignage permanent de la puissance de certains seigneurs dans leurs districts.

Ce témoin des anciens temps n'est donc pleinement digne de foi que quand on le place sur un terrain neutre, et qu'on l'interroge sur des questions où la royauté est sans intérêt.

Je dois, pour accomplir entièrement ma tâche, vous parler maintenant des manuscrits et des éditions imprimées de notre ancien coutumier.

Puis viennent 47 articles contenant à peu près textuellement les dispositions de la *Grande Charte* consentie, en 1213, par le roi Jean. Cette affinité de notre charte avec la grande charte Anglaise en fait sans doute le document le plus important de l'ancien droit public normand : et pourtant aucun de nos auteurs normands n'en a parlé. En 1827, dans une lettre adressée à la *Gazette des Tribunaux*, à l'occasion d'un procès fameux, j'appelai l'attention sur cette charte, et il paraît que les publicistes anglais se sont occupés depuis d'en vérifier l'authenticité. J'ignore le résultat de leurs recherches. Mais s'il est vrai que la grande charte fut dressée sur une charte de Henri Ier, dont la copie avait été présentée aux barons anglais par l'archevêque Langton, comme Henri II, à son avénement déclara maintenir toutes les franchises que Henri Ier, sont aïeul, avait accordées à ses peuples : *Sicut rex Henricus dedit et cartâ suâ confirmavit*, ce serait alors qu'il aurait adressé aux Normands l'acte que nous a conservé Brussel, et qui n'est que la charte de Henri Ier, appropriée à la Normandie.

J'ai vu un assez grand nombre de manuscrits de cet ouvrage. La bibliothèque royale de Paris en possède plusieurs dans le *fonds Bigot* et dans le *fonds Dupuy*. Je les ai parcourus, il y a une dixaine d'années, mais je n'ai conservé qu'un souvenir trop vague pour en rendre compte.

A Rouen, on en trouve des exemplaires dans quelques bibliothèques particulières, et trois à la bibliothèque de la ville, sous les n°s 90-9, 92-11 et 10-12.

Le premier provient de l'abbaye de Jumièges. C'est le plus ancien des trois. Il est sur parchemin, petit in-4°. L'écriture, qui est du commencement du XIVe. siècle, est disposée sur deux colonnes, très-belle, mais assez fine et remplie d'abréviations qui en rendent la lecture très-pénible. Il ne contient que le texte latin, sur les 50 premiers feuillets. 31 autres feuillets sont remplis d'un nombre considérable de records et de jugements du XIIIe. siècle. Il est terminé par une ordonnance de saint Louis, de 1269.

Le second appartenait à la bibliothèque des moines de Saint-Ouen. Il est aussi sur parchemin et petit format in-4°. Le bénédictin bibliothécaire de l'abbaye y a apposé la date de

1339, j'ignore sur quelle indication. Le texte français est placé sur le recto de chaque feuille, en regard du texte latin, transcrit sur le verso. Un chapitre tout entier (*de Exercitu ducis*), et plusieurs paragraphes *passìm*, sont restés sans traduction, circonstance qui se remarque aussi dans les éditions imprimées. A aucun endroit, il ne se rencontre de lacunes dans les pages sur lesquelles le texte latin se trouve, ce qui établit, ce me semble, que le texte français ne contient rien de plus que le latin.

Enfin, le troisième manuscrit est un épais in-4°. en papier, du XVe. ou même du commencement du XVIe. siècle, écriture cursive, très-difficile à déchiffrer. C'est le texte français, suivi d'un assez grand nombre d'actes, qui sont sans doute des arrêts et des ordonnances.

J'avais recueilli dans Froland (*Arrêts*, part. I, ch. 3), l'indication d'un ancien manuscrit, qui se trouvait de son temps (vers 1731) aux archives de l'hôtel-de-ville de Rouen, et qui lui avait été communiqué par les officiers de la ville. « Cet exemplaire, dit-il, est le plus « beau qu'on puisse jamais voir. Ecrit sur vélin, « et si bien écrit qu'on aurait peine à l'imiter.

« Couvert d'un gros cuir attaché par les deux « côtés de dix gros clous, sur chacun desquels « sont imprimés les noms de la ville. Il est tout « en latin, et ne contient ni français ni glose, « en sorte qu'il paraît être un duplicata fait « pour l'hôtel-de-ville de l'original même du « coutumier. »

Quelle bonne fortune, Monsieur, que la découverte d'un pareil M. S.! Mais aux archives de la mairie, où je suis allé, et qui sont depuis peu de temps mises en ordre par les soins de M. Beauvet, je n'ai pas trouvé ce précieux exemplaire, et on ignore dans quelles mains il a pu passer.

Un de mes amis, M. F.... possède un M. S. du coutumier, qui est du milieu du XIVe. siècle, d'une fort belle écriture, orné de miniatures et d'initiales avec arabesques et d'une parfaite conservation. C'est un petit in-folio composé de 104 feuilles de parchemin. Les 6 premières contiennent un calendrier, la 7e. et la 8e. la table des chapitres. Puis vient le texte latin sur deux colonnes; il occupe 82 feuillets qui présentent en outre quelques notes marginales d'arrêts, d'une belle écriture de la même époque que le texte. Entre le 18e. et le 19e. feuillet, après le chapitre *des Successions*, sont intercalés cinq feuillets, sur lesquels sont deux arbres de consanguinité avec un texte explicatif. Enfin le volume est terminé par 9 feuillets sur lesquels sont transcrits la *charte Normande*, la confirmation de cette charte par Philippe-de-Valois, en 1339, et une ordonnance de saint Louis, de 1269, sur les devoirs des baillis, vicomtes et autres justiciers. En tête du premier prologue est une miniature qui occupe toute la largeur du feuillet et un tiers de sa hauteur, laquelle représente un roi ou un duc, assis sur son trône, la couronne en tête et le sceptre à la main, donnant un volume, le coutumier de Normandie, à l'archevêque de Rouen, qu'on voit debout, portant le pallium, entouré des évêques ses suffragants, distingués par leurs crosses, et d'un grand nombre d'autres personnages. Deux autres miniatures plus grandes accompagnent les tableaux de consanguinité.

La plus ancienne édition imprimée qu'on connaisse de l'ancien coutumier ne porte ni date, ni nom d'imprimeur, ni lieu d'impression. Mais on la désigne sous la date de 1483, parce que cette date figure à l'anté-pénultième feuillet, au pied du traité de Jehan André sur les arbres de consanguinité.

Voici le titre de ce beau et rare volume, petit in-folio : « Le repertore de ce liure. ensuit « le repertore de ce present liure en quel sont « contenus par ordre les traictiez et chapitres « d'icelluy cy apres desclairéz. Premièrement. « le texte en françoys du livre costumier du « pays et duchie de Normendie auec lexposi- « cion d'icelluy au commencement du quel es « la table dudit liure pour facilement con- « gnoistre le nombre de chacun chapitre. Le « secod chapitre est le texte en latin dicelluy « en la fin duql est la table dudit liure. Le « tiers est la chartre aux normas. Le qrt est la « justice aux barons de Normendie. Le quit « est la taxacio des drois et interestz des male- « facos de corps. Le sixte les articles que doi- « uent iurer les aduocats de Normendie en fai- « sat le sermet daduocacie. Le septiesme les « ordonnaces faictes en leschiquier de Normen- « die tenu à Rouen au terme de pasques mil « quatrecens soixatedeux. Le huytiesme les « ordonnaces faictes en icelluy eschiquier tenu « à Rouen au terme de pasqs l'an de grace mil. « cccc. lxiii. Le neufiesme les ordonnances « faictes eudit eschiquier tenu audit lieu de « Rouen audit terme de pasqs mil quatre cens « soixante quatre. Le dixiesme les ordonnances

« faictes eudit eschiquier tenu au terme St. Mi-
« cheil mil qtre cens soixante neuf. Le vnziesme
« chapitre est lapointement fait par les commis-
« saires du roy en la ville de Vernon en lan
« milquatre cens cinquante trois. Entre les sup-
« posts de luniversité de paris et les habitans
« du pays de normedie. Le douziesme ledict
« du roy charles fait à copiegne en lan mil
« quatre cens cinquante. Le treziesme et der-
« rain chapitre est les trois traictiez de consan-
« guinité affinite et cognacion espirituelle
« auec les trois figures ou arbres pour facille-
« ment congnoistre le contenu diceulx traictiez.
« Qui est la fin et accomplissement de ce
« liure. » Le livre a 342 feuillets avec réclames, dont 3 blancs.

Cette édition est mentionnée par Van-Praët, *Catalogue des livres sur vélin de la bibliothèque du roi*, t. 2, p. 100. *Jurisp.*, n°. 153.-- par Dibdin, *Bibliot. Spenc.*, tom. 3, p. 295, -- par Mercier de Saint Léger. *Supplément à l'hist. de l'imprimerie de Prosper Marchand*, 2e. édit., p. 95; et par M. Frère, dans ses *Recherches sur les premiers temps de l'imprimerie en Normandie*, p. 6.

La table du texte français indique 125 chapitres, tandis que la table du texte latin en indique 128. Mais, sauf meilleure vérification, il n'y a réellement dans le texte latin qu'un chapitre dont le texte ne se retrouve pas en français, c'est le 25e., *de Exercitu ducis* (Dourbault l'a traduit en vers). Le texte des chapitres intitulés à la table, *de Legibus*, *de Plegiacione*, *de Recordationibus*, se retrouve dans le texte français, mais confondu sous une rubrique commune avec les chapitres qui précèdent. Il est vrai que la *lettre des prélats de Normandie*, qui figure dans le texte latin après la charte de Philippe Auguste sur le patronage, n'est pas non plus traduite, mais c'est plutôt une pièce annexée au coutumier qu'une partie de son texte, aussi ne serencontre-t-elle pas dans tous les manuscrits. Le M. S. de M. F... ne contient même la charte de Philippe Auguste qu'en note marginale.

Le texte français, accompagné d'une glose dans la même langue, à la suite de chaque chapitre, précède le texte latin, qui est sans commentaire. En tête de ce texte sont deux prologues dont le premier ne figure pas dans le texte français, mais est commenté dans la glose.

Dans la notice de M. Frère, on trouve indiquées sept autres éditions gothiques du coutumier, dont deux sans date et les autres de 1510, 1515, 1523, 1534 et 1539.

Ces éditions sont calquées sur celle de 1483, considérée comme l'*editio princeps* du coutumier.

Le plus ancien commentateur de la coutume est l'auteur de la glose imprimée dans l'édition de 1483. On ignore la date de ce commentaire et le nom de son auteur. M. Van-Praët dit qu'on suppose qu'il se nommait *Jean Auger*. C'est *Jean André* qu'il faudrait lire, et c'est le nom de l'auteur du traité des arbres de consanguinité, et non celui du commentaire.

L'auteur d'une table chronologique des commentateurs des diverses coutumes de France, publiée en 1699, cite, en effet, Jean André comme auteur d'un commentaire sur la coutume de Normandie, publié à Caen en 1510 ; mais cette publication n'est autre qu'une nouvelle édition du coutumier de 1483, et, comme au frontispice, figure le nom de Jean André pour son traité sur les degrés de consanguinité, l'auteur de cette table lui aura attribué tout le commentaire, et ensuite, par une erreur de copiste ou de prote, ce nom est devenu celui de Jean Auger dans l'ouvrage de M. Van-Praët.

Le premier commentateur est donc inconnu comme l'auteur du texte.

Rouillé a ajouté à cette glose française quelques annotations latines qu'il a eu grand soin d'accompagner toujours de sa signature mise tout au long, afin sans doute qu'il ne lui arrivât pas le même malheur qu'à son devancier. Il a donné deux éditions du texte de 1483, ausi augmentée en 1534 et 1539.

En 1568, Tanneguy Sorin n'a pas publié le texte latin du coutumier, mais seulement le texte français, encadré entre deux commentaires, l'un en latin intitulé : *collatio juris normanni et romani*, et l'autre en français: *la conférence de la coutume de Normandie avec l'ordonnance, style et arrêts des cours.* Ce commentaire est farci de textes insignifians et n'a jamais eu aucune autorité en Normandie. L'auteur n'a publié que le premier livre de la coutume; il s'arrête au titre d'*Assise*. Le livre est précédé d'une épître dédicatoire en latin à Catherine de Médicis, et d'une préface où l'auteur émet le vœu, assurément fort remarquable pour cette époque, de voir toutes les coutumes réunies et confondues en une seule, et que, comme il n'y a qu'un seul roi, il n'y ait qu'une seule loi en France.

Enfin, en 1574 fut publiée la première édition des *lois civiles et criminelles de Terrien, contenant le droit, tant civil que privé, observé au pays et duché de Normandie, à l'instar du corps de loi de l'empereur Justinien.*

Dans cet ouvrage, les divers textes du coutumier sont distribués dans l'ordre adopté par l'auteur, avec des dispositions d'ordonnances royales ou d'arrêts de l'échiquier, comme ayant la même autorité légale. Le commentaire qui accompagne ces textes est le meilleur qui ait été fait sur la coutume avant sa réformation. Lorsque la coutume était encore en vigueur chez nous, on citait au palais Terrien avec autant d'autorité que Bérault ou Basnage, et notre vieux commentateur est encore aujourd'hui l'oracle des avocats et des juges des îles de Jersey et de Guernesey, où notre ancien coutumier règne toujours.

Alf. DAVIEL,

Avocat général.

www.ingramcontent.com/pod-product-compliance
Ingram Content Group UK Ltd.
Pitfield, Milton Keynes, MK11 3LW, UK
UKHW020446180726
13839UKWH00004B/1664

8 Février 1886
Arras / Ville d'Arras 8 Février 86.

V

VILLE D'ARRAS (Pas-de-Calais)

VENTE AUX ENCHÈRES PUBLIQUES

COLLECTION DE M. G. HENRY

COMPRENANT :

BELLE RÉUNION DE FAIENCES ANCIENNES

Des fabriques de Delft, Rouen, Strasbourg, Niederviller, Marseille, Moustier, Saint-Omer, Desvres et autres

PORCELAINES ANCIENNES

Des fabriques de Sèvres, Saxe, Mennecy, Lille, Arras, Tournai Paris, etc., etc.

TABLEAUX ANCIENS

Quelques modernes dont un beau *Corot*

ESTAMPES & GRAVURES ANCIENNES

Des écoles flamande, française, anglaise et italienne

Eaux-fortes par *Callot* et *C. Méryon*

MEUBLES ANCIENS SCULPTÉS

Des époques *Louis XIII* à *Louis XVI*, dont un beau lit et une fort belle table datés de 1616

SIÈGES DE DIVERSES ÉPOQUES

Pendules diverses, horloges, bronzes, bijoux, objets de vitrine

TAPISSERIE VERDURE (D'ARRAS)

DONT LA VENTE AURA LIEU

A Arras, rue des Trois Faucilles, 16 bis

Du Lundi 8 au 12 Février 1886

A UNE HEURE ET DEMIE PRÉCISE

Par le ministère de MM[es] ADVIELLE et P. HENRY, Commissaires-Priseurs à Arras

Assistés de M. GANDOUIN, expert, à Paris, rue Le Peletier, 42 et à Arras, hôtel de l'*Univers*

Chez lesquels se distribue le catalogue

EXPOSITIONS PARTICULIÈRES

Les Vendredi 5 et Samedi 6 février 1886, de midi à quatre heures

EXPOSITION PUBLIQUE

Le *Dimanche* 7 février 1886, de midi à quatre heures

Les adjudicataires payeront dix pour cent applicables aux frais

MENS AGITAT MOLEM